LE ROMAN ANGLAIS

OUVRAGES DU MÊME AUTEUR

Le Théâtre en Angleterre, depuis la conquête jusqu'aux prédécesseurs immédiats de Shakespeare (1066-1583). Deuxième édition, corrigée et augmentée. Paris, Leroux, 1 vol. in-8..... . 4 »

Les Anglais au moyen âge. — La vie nomade et les routes d'Angleterre au XIVᵉ siècle. (*Ouvrage couronné par l'Académie française*). Paris, Hachette, 1 vol. in-8............... .... 3 5o

Chaucer's pardoner and the Pope's pardoners. London, Chaucer Society.

Observations sur la vision de Piers Plowman. Paris, Leroux.

Le Puy. typographie Marchessou fils

LE
ROMAN ANGLAIS

ORIGINE ET FORMATION

DES

GRANDES ÉCOLES DE ROMANCIERS

DU XVIIIᵉ SIÈCLE

Leçon d'ouverture du cours de Langues et de Littératures
d'origine germanique au Collège de France

PAR

J. J. JUSSERAND

Secrétaire d'ambassade, docteur ès-lettres
Lauréat de l'Académie française

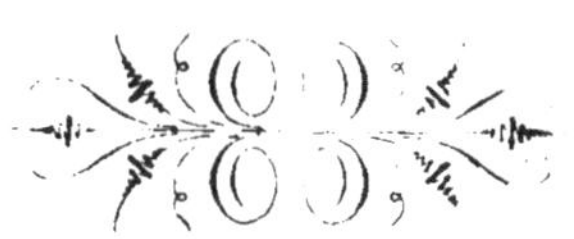

PARIS

ERNEST LEROUX, ÉDITEUR

28, RUE BONAPARTE, 28

1886

LE ROMAN ANGLAIS

Messieurs,

De tous les genres littéraires, celui avec lequel nous sommes le plus fréquemment en contact est le roman. Tout le monde ne va pas au théâtre, tout le monde ne lit pas des odes ou des épopées, mais tout le monde lit des romans ; quiconque sait lire est familier avec eux. Nous trouvons en eux des amis dociles et serviables ; ils prennent nos heures et se font les serviteurs de nos caprices ; ils attendent que nous soyons libres d'esprit et inoccupés, à l'angle de notre cheminée ou dans le coin de notre wagon. Ils n'ont pas les allures impérieuses du drame qui nous impose son jour et son heure. Nous n'avons qu'à désirer leur compagnie pour l'avoir; pour nous séparer d'eux, s'ils nous déplaisent, nous ne sommes pas retenus par la crainte de déranger nos voisins en nous en allant; nous n'avons qu'à fermer le livre. On entre bien volontiers dans une société dont on sait qu'on pourra sortir si facilement, incognito, sans faire de bruit ni déplaire à personne.

C'est pourquoi nous sommes toujours prêts à revenir à nos romans; ils comblent pour nous les vides de la vie; ce sont les enfants gâtés de la littérature, on les a toujours sur les genoux. Sans eux, qui sait, nous trouverions peut-être de la monotonie dans les spectacles qui nous ravissent le plus, dans l'immuable verdure des arbres autour de nos retraites de l'été, dans les grandes lignes immobiles des montagnes sur le penchant desquelles on va chercher la santé, et jusque dans la chanson de la mer.

Penseurs profonds, moralistes convaincus, observateurs minutieux, poètes passionnés, les Anglais ont eu de tout temps les qualités

principales qui composent le génie des grands
romanciers. Doués d'un esprit à la fois pratique et capable d'enthousiasme, ils peuvent
considérer, d'un esprit aussi exact, d'un cœur
aussi ému, les honteuses misères et les su-
blimes folies des hommes. Après avoir été
d'incomparables dramaturges et d'admirables philosophes, un peu tardivement, ils
furent de merveilleux romanciers. Mais du
jour où ils le devinrent ils produisirent des
modèles que l'univers entier a connus, imités
et aimés. Depuis ce moment, le roman
s'est développé chez nos voisins d'une façon
prodigieuse; ils sont devenus les grands ap-
provisionneurs du globe, et la fécondité de
leur plume est telle qu'il serait impossible
au critique le plus consciencieux de se tenir
complètement au courant de leurs productions, quand même il consacrerait à les lire
les douze heures du jour, et les douze heures
de la nuit. Le dernier numéro paru du journal l'*Academy* renferme le compte-rendu de
dix-sept volumes de romans publiés dans le
courant de la semaine; et il ne s'agit là que
des principaux, de ceux qui méritent l'honneur d'une analyse, c'est-à-dire du petit
nombre. Ce ne sont pas, comme la saison

pourrait le faire croire. des livres d'étrennes; un article spécial est réservé à ceux-ci.

Cette importance du roman, et en particulier du roman anglais, cette prépondérance qui n'est point ancienne, est, comme on le pense bien, le résultat de phénomènes et de changements sociaux non moins que la conséquence de révolutions littéraires. Etroitement lié, comme il l'est, à notre existence, puisqu'il a pour objet de la décrire et de l'expliquer, et que nous faisons de lui une sorte de compagnon de nos vies, le roman s'est transformé comme nous-mêmes. Ses vicissitudes chez nos voisins ont été fort remarquables et elles sont pour nous d'autant plus intéressantes à connaître qu'une connexion étroite, sinon toujours une ressemblance très grande, a existé de tout temps entre le roman anglais et le roman français. C'est l'histoire de ces transformations et des réactions qui ont suivi chacune d'elles que je me propose d'étudier avec vous cet hiver. Je veux vous en donner dans la présente leçon un aperçu rapide. Je m'arrêterai à la période contemporaine, c'est-à-dire à Walter Scott; mais je suis heureux de pouvoir vous assurer qu'une voix plus autorisée, celle d'un professeur que vous aimez, de celui-là même que je remplace en ce moment d'une façon toute provisoire, complètera un jour cet examen, et vous exposera les métamorphoses, infiniment délicates à suivre et curieuses à connaître, du roman anglais dans notre siècle.

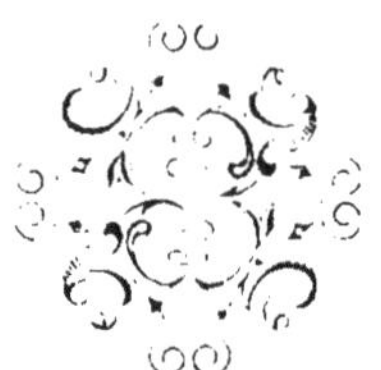

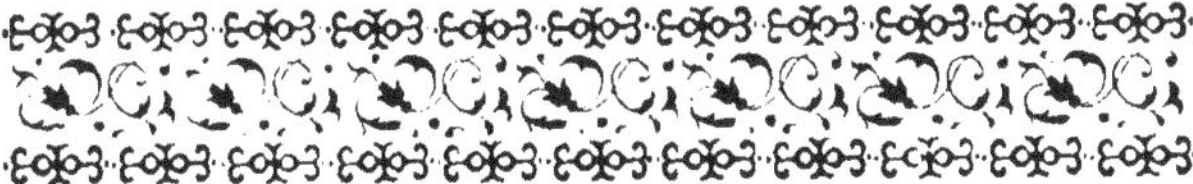

I

LE besoin de charmer les ennuis de la vie
réelle au moyen de récits imaginaires n'est
point nouveau ; nos ancêtres le connurent
comme nous-mêmes et, comme nous, ils eurent des romans. Mais il suffit d'en voir les
manuscrits pour comprendre qu'ils ne devaient pas les associer à leur vie aussi inti-
mement que nous le faisons ; on n'imagine
guère les chevaliers et les dames du temps
jadis, étalant volontiers sur leurs genoux
les gros in-folios enluminés ou les lisant en
voyage dans les charrettes qui leur tenaient
lieu de voitures. Surtout, il ne faut pas sup-
poser qu'ils se donnaient souvent la peine
de les lire de leurs propres yeux ; ils se les
faisaient déclamer et n'avaient garde de se

reposer de la fatigue de la chasse par la fatigue plus grande encore de la lecture.

Les romans du moyen âge furent ces histoires fameuses où étaient racontées les prouesses d'Arthur, de Charlemagne et de leurs pairs. Les conquérants français de la Grande Bretagne en donnèrent le goût aux Anglo-Saxons après leur en avoir donné des modèles. Les nouveau-venus, partout victorieux, ivres de leurs succès, riches déjà et élégants à leur manière, ne pouvaient guère, en effet, se contenter de suivre du regard les pâles étoiles littéraires dont les vaincus avaient jadis aimé la lueur. Ils n'avaient que faire de complaintes et de visions éplorées. Ce qu'il leur fallait, c'était l'histoire de conquêtes lointaines et de faits d'armes éclatants comme ceux qu'ils accomplissaient, un mélange d'aventures extraordinaires qui leur rappelleraient les leurs, des chants d'amour faciles et doux, des satires et des contes mordants, bref tout ce qui peut être pour l'esprit un repos et non une fatigue, tout ce qui peut caresser les passions sans les irriter et sans produire ces grandes secousses qui bouleversent les cœurs, tout ce qui plaît aux gens heureux.

Ils tirèrent les Anglo-Saxons de leur torpeur, simplifièrent et éclaircirent leur grammaire, leur apprirent, en les entraînant dans leurs expéditions lointaines, à connaître le monde ; et, en leur faisant lire leurs romans en vers, à sortir de leurs rêveries éternelles et de leurs vagues méditations. Ils leur firent croire que le Gallois Arthur avait été, au fond, un Anglais comme eux, un chevalier comme eux, qu'il avait, dans son temps, dominé l'Europe et qu'ils pouvaient revendiquer pour eux sa fabuleuse gloire.

Les chevaliers devinrent vite aussi populaires en Angleterre qu'en France [1] et leurs exploits furent célébrés en vers et en prose dans ces énormes épopées-romans qui sont aujourd'hui encore l'ornement de nos bibliothèques. Précipices et batailles, mer en furie et forêts mystérieuses, on les voit se tirer de tous les dangers, non sans quelques horions, mais, par une faveur spéciale, due sans doute aux fées protectrices, sans rien perdre jamais de leur force, de leur grâce et de leur beauté. Ils ont survécu de même aux

---

1. Le premier roman anglais d'Arthur est le *Brut* de Layamon, 1205.

guerres littéraires et aux changements de la mode ; ils sont sortis, meurtris sans doute, mais encore vivants, des bouleversements de la Renaissance ; ils ont échappé aux coups de Cervantes et de Boileau ; ils ont gardé cette éternelle jeunesse que l'antiquité avait donnée à ses demi-dieux. Plus fiers et plus vaillants que jamais, Richard a reparu de nos jours dans Walter Scott, Arthur, dans les poèmes de Tennyson. Leur esprit même est demeuré parmi nous ; il fait plus que d'inspirer les poètes, il cause beaucoup de nos actions ; on peut dire que sans eux nos héros de romans, comme nos héros de la vie réelle, seraient des personnages tout différents. Il n'est pas difficile de voir que le Fabrice de Stendhal est un proche parent de Lancelot, et que nous nous distinguons de beaucoup de races d'hommes et notamment des races antiques par des qualités dont la plus marquante est précisément l'esprit chevaleresque.

Les romans d'Arthur, qui reçurent en Angleterre, au temps de la Renaissance, une nouvelle consécration, grâce à la compilation de Malory si souvent réimprimée pendant le xvie siècle, ne serraient pas, comme on pense, la réalité de bien près, et leurs auteurs ne s'attardaient guère dans l'analyse des passions. Bien loin de rechercher le réel, les lecteurs d'alors n'aimaient rien tant que l'imprévu, l'invraisemblable, le merveilleux; l'étude minutieuse des sentiments leur eût paru fort inutile, une seule chose leur plaisait, c'étaient les aventures; qu'il y en eût beaucoup, qu'elles fussent compliquées, ils étaient ravis : aussi, plus on avance vers la fin du moyen âge, plus les pauvres chevaliers se voient imposer de lourdes et difficiles tâches.

Mais l'étude de la nature apparaissait déjà, dès cette époque, dans un genre qui fleurit parallèlement au roman épique, c'est-à-dire dans la nouvelle (et de même dans le conte). De la fusion de ces deux sortes d'écrits devaient naître ces tragi-comédies familières qui sont nos romans. Ils tiennent de celle-ci leur réalisme; de celui-là leur ampleur, leur élan, leur richesse de péripéties; tout ce mélange de sublime et de trivial, de pensées raffinées et de vie abjecte, d'enthousiasme et de bon sens, qui nous rappelle souvent l'étroite union de cœur de Don Quichotte et de son écuyer, du roi Lear et de son fou.

Sous l'influence de la France et de l'Italie où la nouvelle avait été poussée jusqu'à un rare degré de perfection, témoins le *Décaméron* et les *Cent Nouvelles*, un commencement de fusion entre les deux genres se manifesta en Grande-Bretagne au temps d'Élisabeth, dans ce grand âge de la littérature anglaise qui, toutefois, ne fut pas le grand siècle du roman. Pour ne pas parler d'une multitude d'historiettes moindres qui faisaient les délices des apprentis de Londres et qui disaient merveille de la bravoure et des pouvoirs surnaturels de Virgile et de Frère Bacon, de Robin Hood et de George-a-Green, on vit dans le roman philosophique du précieux Lyly un premier essai d'examen des mœurs contemporaines, dans les romans arcadiens de Lodge et de Greene des tentatives de peindre et analyser le sentiment de l'amour. On eut une étude plus approfondie de la même passion dans cette *Arcadie* de sir Philippe Sidney, qui n'est pas, comme on pourrait le croire, une énorme bergerie pseudogrecque, mais bien un roman chevaleresque dont les principaux personnages sont des princes et où sont étudiées toutes les variétés de l'amour, depuis le sentiment pur de la

jeune Pamela, personnage qui doit reparaî-
tre au xviiie siècle dans la littérature, jusqu'à
la flamme secrète de la coupable reine Gyne-
cia. Enfin, dans un roman très important et
trop peu connu de Thomas Nash : *Le voya-
geur malheureux ou la vie de Jack Wilton*,
le cadre s'élargissait ; on trouvait des tableaux
de vie abjecte et de vie seigneuriale, une extrême liberté ; de plus, et cela est tout à fait
remarquable, Nash emploie dès 1594 un procédé qui, entre les mains d'un homme de
génie, servira plus tard à la production d'une
quantité de chefs-d'œuvre : il mêle à ses personnages fictifs des personnages historiques
et s'attache à peindre ces derniers dans toute
leur vérité. Le comte de Surrey, Jean de
Leyde, sir Thomas More, Luther jouent suc-
cessivement leur rôle dans le roman. C'est le
procédé de Walter Scott. Ce sera l'honneur
de Nash que d'avoir su le premier s'en ser-
vir en anglais.

Toutes ces œuvres sont fort curieuses :
aucune d'elles cependant n'occupe une place
considérable dans l'histoire littéraire générale. Dans ce grand siècle, tout l'effort des
Anglais paraît s'être concentré sur la poésie
proprement dite, sur la philosophie et sur le

drame. Leurs hommes de génie composent
Roméo et Juliette et l'*Avancement des sciences*, mais ne se soucient pas d'écrire des histoires. C'est pour eux un genre inférieur.
Aussi, ceux qui le cultivent font-ils les plus
grands efforts pour le rehausser à force d'é-
légance, de recherche, de citations et d'a-
phorismes. Lyly et ses imitateurs encom-
brent leurs phrases d'allusions et de compa-
raisons, et impriment, au moyen de l'allité-
ration, une cadence sonore aux diverses
parties de leurs périodes. Sidney, dans ses
passages à effet, prête le sentiment aux pier-
res, aux rivières, aux montagnes et, par des
répétitions de mots voulues, donne également
à sa phrase un balancement rhythmique aussi
peu convenable que possible dans une histoire en prose.

Tout cela se comprend de reste. Dans une
période si active, où tant de prouesses in-
vraisemblables avaient été réalisées, où le
navire de Drake avait blanchi de son écume
la circonférence du globe, où l'invincible
Armada avait été vaincue, où le fils d'un
gantier de province avait rêvé les rêves de
Macbeth et d'Obéron, qui donc eût pu s'a-
viser de conter simplement de simples his-

toires? Ils ont bien trop d'entrain et d'exu-
bérante vie, les Anglais de ce temps-là pour
se contenter d'étudier la vie réelle; chaque
personnage qu'ils imaginent leur est prétexte
à poésie, à théories philosophiques, à systè-
mes du monde, prétexte aussi à étalage de
pierreries et de costumes. Tels sont les héros
de leurs drames, même ceux de Shakespeare,
et tels sont aussi ceux de leurs romans. La
langue est trop faible pour se prêter à l'expression de toutes les idées et associations
d'idées qui leur viennent à l'esprit; Sidney
« mord sa plume de dépit »; dans ses admi-
rations passionnées, il a sans cesse des re-
grets de ne pouvoir suffisamment exprimer
sa pensée; parlant des cheveux blonds d'une
de ses héroïnes, il s'écrie : « Ses cheveux! je
voudrais pouvoir dire ses rayons! » Le frisson
d'une baigneuse entrant dans l'eau lui semble « le scintillement d'une étoile. »

Le défaut de cette grande époque est le
goût excessif de la parure, ce qui équivaut
souvent hélas! au mauvais goût. On trouve
les contemporains d'Élisabeth parfaitement
semblables à eux-mêmes dans tous les arts
qu'ils pratiquent : en sculpture, il leur faut
des statues peintes; en architecture, la pierre

et le bois ne leur suffisent pas, ils veulent des faïences d'ornementation compliquée ; dans l'art du costume, il faut aux dames des *farthingales*, sortes de crinolines prodigieuses, et des collerettes si grandes que des fils de fer sont nécessaires pour les tenir droites. Il en est souvent de même pour leurs fleurs de langage, au moins dans leurs romans ; il ne faut pas les regarder de trop près, sans quoi on voit le fil de fer et on s'aperçoit qu'elles sont toute autre chose que le produit de la simple nature.

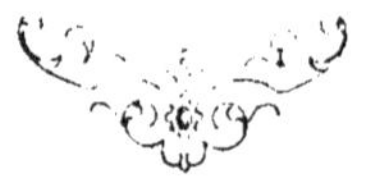

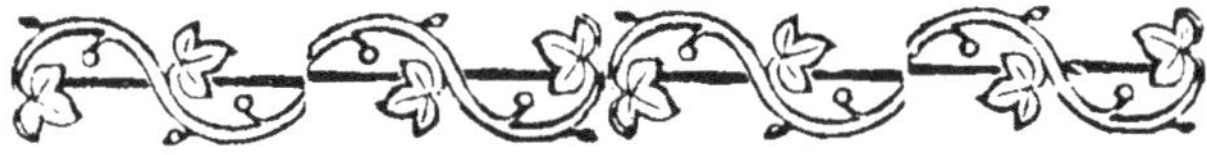

II

Les bergers n'ont pas encore dit leur dernier mot; le principal leur reste à dire. Il nous faut quitter l'Angleterre pour un moment; nous y reviendrons bientôt. Au commencement du xviie siècle les pasteurs reprennent la parole, et cette fois ce n'est plus en Grèce qu'il faut aller pour les entendre, comme lorsqu'il plaisait à Greene de raconter les aventures de Menaphon ; c'est dans le pays le plus français de tous les pays de France. le Forez, terre des vertes vallées, des clairs ruisseaux et des grands arbres, dont le nom même « sonne ie ne sçay quoy de champestre ». Les bergers que d'Urfé nous montre ne sont pas des gens ordinaires ; il ne nous les donne pas pour tels : « Que si l'on te reproche, dit-il à sa belle Astrée, que tu ne parles pas le langage des villageois, et que toy ny ta trouppe ne sentez guère les brebis ny les chèvres, respons leur, ma bergère, que pour peu qu'ils ayent cognoissance de toy, ils sçauront que tu n'es pas, ny celles aussy qui te suivent, de ces bergères nécessiteuses, qui, pour gaigner leur vie, conduisent les trouppeaux aux pasturages, mais que vous n'auez toutes pris ceste condition que pour viure plus doucement et sans contrainte ». Ces paroles renferment toute la simple moralité de ce beau livre. Qui que vous soyez, dit Honoré d'Urfé à ses compatriotes, riches ou pauvres, guerriers ou lettrés, si vous voulez vivre dans la paix du cœur et le bonheur, quittez les villes et les camps et venez vous établir loin du bruit, dans les vallées tranquilles. Entourés des êtres naïfs qui les habitent, en face du paysage toujours varié, qui change avec les changements de l'heure et le renouvellement des saisons, vous sentirez le calme descendre en votre âme. Ses récits sont les vraies églogues de la vieille France ; ils ne contribuèrent pas moins que jadis les *Bucoliques* de Virgile à rendre à un peuple troublé par les guerres et les luttes

intestines le goût de la paix et des travaux
des champs. Sully eût été moins facilement
un grand ministre si d'Urfé n'avait rien
écrit.

On ne lit plus d'Urfé de nos jours; il y a
un siècle, je ne le dis pas sans regret, que
son livre n'a été réimprimé; le négliger, c'est
nous priver d'un grand plaisir et oublier
l'une de nos gloires les plus pures. Au point
de vue littéraire, on ne saurait exagérer le
rôle de d'Urfé dans l'histoire du roman. En
comparaison de lui, les essais d'analyse des
sentiments dans Sidney ne sont que de simples ébauches. D'Urfé a déjà la perception
des nuances; les variétés de l'amour lui sont
familières; mais il garde un idéal élevé; s'il
encourage à cette passion, il a soin de la
peindre si noble et si belle que quiconque
suivra ses conseils n'a pas chance, pour peu
qu'il ait le cœur bien placé, de s'écarter du
chemin de la vertu. Couchées la nuit en plein
air et n'ayant pas sommeil, désireuses de
chasser la peur qui commençait à leur venir,
les bergères prient l'une d'elles, qui a vécu
jadis parmi les grands, de leur retracer son
histoire : « Voyez, dit à un moment la con-
teuse, comme ceux qui blasment l'Amour

ont peu de raison de le faire. Lorsque ce
icune cheualier commença de me seruir, il
estoit homme sans respect, outrageux, vio-
lent et le plus incompatible de tous ceux de
son aage : au reste vif, ardant et si courageux que le nom de téméraire luy estoit
mieux deu que celuy de vaillant. Mais depuis qu'Amour l'eust viuement touché, il
changea toutes ces imperfections en vertu, et
s'estudia de sorte de se rendre aimable qu'il
fut le miroir des cheualiers de Torrismonde [1] ». Et elle ajoute cette remarque qui
montre toute la connaissance du cœur humain qu'avait d'Urfé : « Se formant de cette
sorte sur un nouueau modèle, lorsque ie connus les conditions de ce cheualier changées,
ie l'aimay beaucoup plus que s'il fust venu
me seruir auec ces mesmes perfections, d'autant que chacun se plaist beaucoup plus en
son ouurage qu'en celuy d'autruy ». Ne croi-
rait-on pas entendre déjà Marivaux et ne
faut-il pas reconnaître que du jour où des
paroles semblables avaient été écrites, le roman d'analyse des sentiments était créé? Il

1. Torrismonde ou Torrismond est le prince à la cour
duquel avaient vécu d'abord les deux amants.

le fut par ce gentilhomme forézien qui sut
peindre des personnages si émus et si tou-
chants dans des paysages si français et si justement décrits [1].

L'influence de d'Urfé sur la littérature de
notre pays se fit sentir pendant tout le règne
de Louis XIV malgré les protestations de
Boileau ; et, grâce à Rousseau qui dans son
enfance avait lu et relu l'*Astrée*, on peut
dire qu'elle a duré jusqu'à nos jours. Ce
roman agit sur les mœurs autant que sur les
esprits ; l'hôtel de Rambouillet où régnait,
avec un peu trop de recherche, tant de vraie
élégance et de véritable vertu eut été bien
différent si l'*Astrée* n'avait pas été écrite ;
d'Urfé contribua à la politesse du temps de
Louis XIV.

C'est par imitation du genre mis à la mode
par d'Urfé et, en même temps, par imitation
de ces *Amadis* qu'on lisait encore, que furent composés, peu après, les énormes et
célèbres romans de *Polexandre* par Gom-

1. Il y a peut-être quelque exagération dans la descrip-
tion des glaces et des rochers du Mont d'Or et de Gergo-
vie ; mais pour l'ensemble les vues sont justes, et l'idée que
le roman laisse du pays est celle qu'un touriste en garde-
rait qui le verrait encore aujourd'hui.

berville, de *Cassandre* par La Calprenède, de
Cyrus et de *Clélie* par Mademoiselle de Scudéry, vastes et prodigieux récits où, avec
beaucoup moins de talent que d'Urfé, d'infa-
tigables écrivains s'attachaient à reproduire,
en les embellissant, les traits du grand Condé
sous la figure du grand Cyrus, et les aima-
bles conversations des ruelles dans les ver-
beuses dissertations qu'ils prêtaient à leurs
Maures et à leurs Romains. Dans le roman
d'*Almahide* on discutera, par exemple, s'il
vaut mieux qu'un homme fasse sa cour à
une dame en vers ou en prose, si un admirateur lettré est plus agréable qu'un autre
qui ne l'est pas, toutes questions évidemment plus familières à Mademoiselle de Scudéry qu'aux Maures de Grenade et aux Es-
pagnols du temps de Ferdinand. Dans tous
ces romans, des lettres, des discours, d'in-
terminables histoires sont intercalés, des
volumes et des années s'achèvent avant
qu'on n'en atteigne la conclusion. « Il ne
fut iamais vn plus beau iour, écrit Mademoiselle de Scudéry, à la première page de
ce roman de *Clélie* qu'elle mit six ans à publier, que celuy qui deuoit précéder les nop-
ces de l'illustre Aronce et de l'admirable

Clélie... » Le mariage ainsi annoncé se trouve retardé par quelques petites traverses et n'est célébré que tout à la fin du tome X^e et dernier.

Toutes ces longueurs, cette absence d'art et de composition n'empêchaient pas le succès des *romans héroïques*, et ce qui les faisait lire, c'était précisément la qualité qui leur a valu leur nom. Il faut songer que nous sommes au temps de Condé et de Corneille ; la même vertu qui valait à Chimène et au Cid une immense popularité faisait aimer le *Grand Cyrus* et l'*Illustre Bassa*. Madame de Sévigné, en 1671, se reprenait encore à lire *Cassandre* et y trouvait un charme extrême ; elle en était bien honteuse et en demandait pardon à sa fille, en des termes qui montraient que les Scudéry et les Calprenède avaient véritablement fixé dans leurs ouvrages plusieurs des traits marquants du génie de leur époque : « Je suis revenue à Cléopâtre, écrit cette vraie Française..., cela est épouvantable, mais vous savez que je ne m'accommode guère bien de toutes les pruderies qui ne me sont pas naturelles ; et comme celle de ne plus aimer ces livres-là ne m'est pas encore entièrement arrivée, je me laisse divertir, sous le prétexte de mon fils qui m'a mise en train. » Et dans une autre lettre : « La beauté des sentiments, la violence des passions, la grandeur des événements et le succès miraculeux de leur redoutable épée, tout cela m'entraîne comme une petite fille ; j'entre dans leurs affaires et si je n'avais M. de la Rochefoucauld et M. Hacqueville pour me consoler, je me prendrais de trouver encore en moi cette faiblesse. Vous m'apparaissez pour me faire honte, mais je me dis de méchantes raisons et je continue. » L'épée de ces héros était redoutable en effet : le grand Cyrus tue, dans son roman, cent mille adversaires, à peu près, de sa propre main. Le calcul a été fait par Walter Scott qui s'y entendait. Mais ce sont avant tout les sentiments qui plaisent à Madame de Sévigné : « Ils sont d'une perfection, écrit-elle encore, qui remplit mon idée sur les belles âmes. » En tout cela on reconnaît bien la dame qui avait connu le beau temps où le siècle était jeune et qui, contemporaine de Chimène, avait pu vieillir d'âge mais non de cœur.

En décrivant, sous des noms fictifs, des personnages réels tels que Condé, le comte de Fiesque, et madame de Longueville, Mademoiselle de Scudéry ne cherchait qu'à plaire, mais elle rendit en même temps un grand service à la littérature du roman. Les personnages de d'Urfé étaient quasi allégoriques et seuls leurs sentiments étaient vrais. Mademoiselle de Scudéry donna l'habitude de considérer, dans la réalité, les personnages eux-mêmes et de peindre, d'après nature, des portraits ressemblants. Ses œuvres sont comme ces cartons où les peintres entassent pêle-mêle les croquis pris sur le vif avec lesquels ils composeront plus tard un tableau. Mademoiselle de Scudéry fut incapable de ce dernier effort, l'art de la composition lui est totalement inconnu, mais celui de choisir un modèle et d'en reproduire les traits lui est familier; elle l'enseigna à ses contemporains. Vienne un auteur qui sache élaguer, qui ait pour principe « qu'une période retranchée d'un ouvrage vaut un louis d'or et un mot vingt sous [1] », nous ne serons point surpris de lui voir écrire un chef-d'œuvre, et la *Princesse de Clèves* en est un.

1. Mme de La Fayette. *Portraits de femmes*, par Sainte-Beuve.

Les romans héroïques furent utiles à la préparation historique du vrai roman, non seulement par ce qu'ils contenaient, mais encore par ce qu'ils ne contenaient pas. Le soin avec lequel on y évitait les peintures de la vie bourgeoise ou commune, le ton constamment relevé ne pouvaient manquer, dans le siècle de Molière et dans le pays de Montaigne, de donner envie à quelques bons esprits de parodier les grands personnages à la mode : et ces parodies ne pouvaient rien être que des tableaux de l'existence ordinaire. C'est ainsi que furent composés l'*Histoire comique de Francion*, par Sorel (1622), le *Roman comique* par Scarron (1651) et le *Roman bourgeois* par Furetière (1666), toutes œuvres où la satire du genre héroïque est évidente, mais où le lecteur trouvera, surtout dans les deux derniers, au lieu de caricatures comme dans les travestis ordinaires, des peintures de couleur franche et gaie, lavées d'une main légère, comme des aquarelles d'un bon maître. Furetière nous dit bien, d'un ton railleur, qu'il « chante les amours et advantures de plusieurs bourgeois de Paris ». Au fond, il ne veut rien moins que pratiquer le genre héroï-comique et il entend dépeindre au naturel des travers véritables : « Comme il y a, dit-il, plusieurs personnes qui se passent de professeurs de philosophie, qui n'ont pu se passer de maistres d'escoles, de mesme, on a plus de besoin de censeurs des petites fautes où tout le monde est sujet que des grandes où ne tombent que les scélérats... Il faut pour cela que la nature des histoires et les caractères des personnes soient tellement appliqués à nos mœurs que nous croyions y reconnoistre les gens que nous voyons tous les jours ». Ajoutez à des théories pareilles la connaissance de la littérature espagnole et des romans *picaresques*, supposez une âme plus philosophique et plus fine que celle de Furetière, une hardiesse de langage plus grande dans une époque plus libre, vous aurez un auteur capable d'écrire *Gil Blas*, et dans sa descendance directe, nous trouverons en Angleterre, Smollett.

Cet exposé sommaire du développement du roman français a pu sembler un hors-d'œuvre dans un tableau du roman chez nos voisins. Il n'en est rien. Pendant tout le xviie siècle, c'est en France que les romanciers d'Outre-Manche cherchent leur inspiration, et l'on ne voit rien fleurir parmi eux que les genres à la mode chez nous. Comme nous, mais avec moins de succès, ils voudraient créer des groupes sociaux où régneraient la pureté des mœurs et l'élégance de langage des bergers du Lignon, et pour lesquels on composerait une littérature appropriée. Ils ont quelque part, dans le pays de Galles, une petite société qui fait beaucoup jaser les beaux esprits de Londres, et où chaque personnage a pris un nom poétique ; Madame Philips s'appelle Orinda ; M. Philips, honnête bourgeois aussi peu sensible que Chrysale aux ingénieuses inventions de sa femme, s'appelle, malgré qu'il en ait, Anténor ; sir Charles Cotterel est Poliarque, et Mademoiselle Owen, Lucasia. Orinda prêche, comme d'Urfé, les amours pures ; elle traduit Corneille ; Polyarque, qui devint plus tard maître des cérémonies de Charles II, traduit La Calprenède. Un autre ami de ce petit groupe compose, sur le modèle des romans héroïques français, une *Parthénisse* qui ne le cède en rien au *Grand Cyrus* ni pour la longueur des discours, ni pour l'invraisemblance des incidents, ni pour la vertu et la vaillance des personnages. Tous les romans héroïques français sont traduits ; quelques-uns le sont plusieurs fois ; tous ont plusieurs éditions : la tempête révolutionnaire qui donna le pouvoir aux puritains n'arrête aucunement le zèle des traducteurs. D'année en année, pendant la guerre civile et sous Cromwell, on voit publier en anglais ces volumineuses compilations où les théorèmes d'amour sont si longuement discutés : *Polexandre* paraît à Londres en 1647, *Ibrahim* en 1652, le *Grand Cyrus* en 1653, l'année où Cromwell devint protecteur ; la première partie de *Clélie*, en 1656.

Du roman, l'*héroïsme* passe au théâtre ; les drames les plus célèbres de Dryden sont des drames héroïques tirés d'*Almahide* ou du *Grand Cyrus* [1] et les exagérations des personnages deviennent si monstrueuses qu'ils sont condamnés à périr sous le ridicule à l'âge suivant qui fut un âge didactique et satirique avant tout, l'âge de la reine Anne, celui où Pope et Swift gouvernèrent les lettres.

Madame de la Fayette, Scarron, Furetière

---

1. Sa *Conquête de Grenade* est tirée du roman d'*Almahide*, son *Amour secret ou la Reine vierge*, du *Grand Cyrus*.

furent également traduits et imités en Angleterre, ce dernier par un anonyme demeuré inconnu, qui fut un homme d'infiniment d'esprit; la première avec moins de succès étant moins imitable, tous avec profit pour les lettres anglaises. Il va sans dire que pendant cette période d'effroyable licence et de débauche qui remplit en Angleterre la deuxième partie du xviie siècle, dans le temps où se passaient les aventures qu'Hamilton raconte dans les Mémoires de Grammont et qu'Etherege met en scène, on ne manqua pas de copier, par surcroît, les hideuses nouvelles soi-disant historiques dont la France fournissait encore bon nombre de spécimens. Seulement on en perfectionna l'immoralité; on la rendit plus crue et plus sensible afin de plaire davantage à une société dont Rochester avait été le dieu. Les « mémoires secrets », les histoires galantes de seigneurs dont les originaux étaient plus ou moins facilement reconnaissables, se multiplièrent; les pires furent composés par des femmes, Mrs. Behn, Mrs. Manley; d'autres par Thomas Durfey; beaucoup par des anonymes. De toutes ces productions, la seule œuvre qui compte est cet étrange

Oroonoko de Mrs. Behn, roman héroïque avec des personnages véritables, où, longtemps avant Rousseau et Bernardin de Saint-Pierre, sont célébrées les louanges de la pure nature et de l'état sauvage : « Les sauvages de Surinam, écrit-elle, me donnèrent la plus parfaite idée de l'état primitif d'innocence où était l'homme avant de connaître le péché. Il est évident et certain que le meilleur, le plus sage, le plus vertueux de tous les maîtres, c'est la simple nature. Elle seule, si on la laissait faire, instruirait mieux le monde que toutes les inventions de l'homme. La religion, pour ces sauvages, ne ferait que détruire la tranquillité où leur ignorance leur permet de vivre, et les lois ne feraient que leur enseigner des offenses dont ils n'ont aucune idée. »

Haine des lois et de la civilisation européennes, mépris de la religion, admiration pour un état imaginaire d'innocence primitive dans les contrées sauvages, il y a dans ce début d'*Oroonoko* et dans tout le roman les principales idées dont Rousseau se fit le défenseur; il eut signé avec enthousiasme ces déclarations que Mrs. Behn écrivait cinquante ans avant lui : singulier précurseur pour ce singulier apôtre des vertus de l'âge d'or. Avec Mrs. Behn nous passons du XVIIe au XVIIIe siècle, la grande époque du roman anglais.

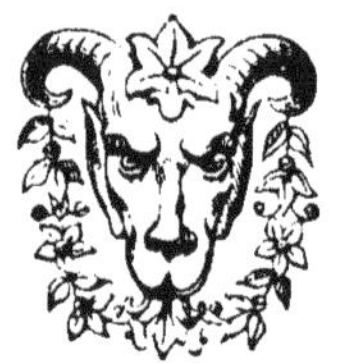

III

Le xviiie siècle se divise pour les Anglais
en deux périodes. La première dure
jusqu'à la mort de Pope en 1744, c'est l'âge
de la poésie classique et didactique. celui
auquel la reine Anne donna son nom. La
dernière s'étend jusqu'aux approches de la
Révolution et à la naissance de cette école
romantique dont sir Walter Scott finit par
devenir le chef.

L'époque de la reine Anne est marquée
par deux faits des plus considérables de l'histoire littéraire. D'abord, et pour la première
fois, l'esprit classique va prédominer et imposer ses lois aux lettrés, du moins aux
poètes de Londres; on va voir, à Drury
Lane, une tragédie aussi conforme aux rè-

gles que celles de Racine, et lire dans les
salons des satires et des épîtres d'un arran-
gement aussi habile et semées d'autant de
vers frappés en proverbes que celles de Boileau. La Renaissance classique avait avorté
en Angleterre, mais elle avait réussi en
France, et, à travers la France, après deux
siècles d'efforts, elle finissait par atteindre
l'Angleterre.

Ensuite, le voile d'ignorance, d'indiffé-
rence, de mépris séculaire qui cachait à notre
pays la vue des monuments de la pensée
anglaise est déchiré, et notre génie national
reçoit tout à coup la révélation de beautés
inconnues, extraordinaires, rebelles aux
analyses tentées d'après les règles de Boileau et de Le Bossu. Des phénomènes pareils sont souvent la conséquence des grands
bouleversements militaires; autrefois les
idées françaises avaient suivi en Angleterre
Guillaume de Normandie. Au xviiie siècle,
la barrière qui nous cachait les horizons
anglais ne fut pas renversée par le vainqueur
de Blenheim et de Ramilies, et ce ne fut pas
à la suite d'une armée d'invasion que les
chefs-d'œuvre de la pensée anglaise passèrent
les frontières. Un ancien clerc de procureur,

banni à Londres à la suite d'une sotte querelle devait se charger de faire la brèche. La palissade était vermoulue sans doute ; mais telle qu'elle était, elle empêchait de voir le soleil ; l'abattre ne fut donc pas un médiocre service ; il est des plus grands que nous ait rendus ce jeune Arouet qui commençait déjà, pour tout le monde, à s'appeler Voltaire. Les lettres qu'il écrivit à Thiériot pendant son exil de 1726, remaniées et publiées d'abord en anglais en 1733, puis en français en 1734 sous le titre de *Lettres philosophiques* apportèrent dans notre pays les premières grandes lumières qui aient éclairé pour nous les mystérieuses beautés du Nord.

Que savait-on, auparavant, de la littérature anglaise ? A peu près rien. — Dans le temps où il commençait à donner des lois à l'Europe, où des hauteurs de Saint-Germain, assisté de Colbert, de Lionne et de mademoiselle de La Vallière, il décidait du sort des empires et des tragédies, de la forme des perruques et de la couleur des chapeaux, et rêvait déjà l'institution des « justaucorps à brevet », le Roi-Soleil avait eu un jour la curiosité de savoir si ses voisins d'Angleterre s'adonnaient aux choses de l'esprit et avaient une littérature. Curiosité bizarre et difficile à satisfaire ; tout le monde en Europe parlait la langue de Corneille et de Louis XIV, personne en France n'avait souci de savoir l'anglais. Le roi s'adressa donc à son ambassadeur près de Charles II, le comte de Cominges, lequel ne savait pas non plus la langue des insulaires, mais pouvait renseigner son maître du moins par ouï-dire. Voici ce que Cominges répondit (sa lettre, inédite pour partie, est conservée au Ministère des Affaires étrangères) : « L'ordre que je reçois de Votre Majesté de m'informer avec soin et circonspection des hommes les plus illustres des trois royaumes qui composent celuy de la Grande Bretaigne, tant aux arts qu'aux sciences, est une marque de la grandeur et de l'élévation de son âme. Rien ne me paroist de plus glorieux ni de plus noble, et V. M. me permetra s'il luy plais de la féliciter d'avoir eu une pensée si digne d'un grand monarque et qui ne la rendra pas moins illustre dans les siècles à venir que la conqueste d'une place et le gain d'une bataille. Meu de curiosité et l'esprit tousjours tendu au service et à la gloire de

V. M., j'avois desja jeté quelque plan pour m'esclaircir, mais je n'avois pas encore esté fort satisfaict. Il semble que les arts et les sciences abandonnent quelques fois un pays pour en aller honorer un autre à son tour. Présentement elles ont passé en France et s'il en reste icy quelques vestiges, ce n'est que dans la mémoire de Bacon, de Morus, de Bucanan, et, dans les derniers siècles, d'un nommé Miltonius qui s'est rendu plus infâme par ses dangereux escrits que les bourreaux et les assassins de leur Roy. »

En écoutant l'*Othon* de Corneille représenté peu après devant lui, à Fontainebleau, Louis XIV pouvait sourire en songeant à ses voisins qui n'avaient pour toute littérature que les écrits de quatre auteurs latins, dont l'un même « le nommé Miltonius » était un criminel infâme et digne du gibet. Cette lettre de Cominges, qui était un homme de beaucoup de lecture et un grand admirateur des anciens, donne une juste idée de l'influence que l'Angleterre littéraire avait eue jusqu-là sur la France : de tout temps cette influence avait été nulle. En vain Spenser avait chanté la Reine des fées et Shakespeare l'amour de Roméo : ils n'étaient même pas méprisés chez nous, ils étaient inconnus. Le nom du dramaturge n'avait jamais paru encore dans un livre imprimé en France ; il figure pour la première fois dans un ouvrage édité à Paris en 1715 [1], une traduction de l'anglais, où il est orthographié « Chaksper ».

Le changement est complet à partir de 1733 ; l'intérêt pour la littérature anglaise ne cesse de s'accroître en France, et, grâce à nous, dans toute l'Europe. Les progrès et les écarts de la pensée britannique sont suivis et commentés minutieusement, presque jour par jour dans les salons de Paris ; les yeux ne se tournent plus vers l'Italie ou l'Espagne, mais de préférence vers Londres ; Swift, Defoe, Fielding, Richardson sont lus en France presque aussitôt que dans leur patrie. Le *Spectateur* d'Addison avait été déjà imité par Marivaux qui avait créé le *Spectateur français* et y avait écrit modestement « que son confrère valait mieux que lui [2]. » Un autre journal est fondé maintenant et se publie à Paris avec grand succès

1. *La critique du théâtre anglois...*, de M. Collier. Paris, 1715. 8⁰.
2. 12ᵉ feuille.

pendant sept années consécutives, qui est rempli presque uniquement de nouvelles littéraires anglaises, d'extraits de pièces, de poèmes et de romans anglais; c'est le *Pour et contre* de l'abbé Prévost qui parut de 1733 à 1740 : « Ce qui sera tout à fait particulier à cette feuille, je promets, écrit l'auteur de *Manon Lescaut*, d'y insérer chaque fois quelque particularité intéressante touchant le génie des Anglois. » Nos encyclopédistes font mieux encore, ils empruntent aux philosophes britanniques les trois quarts de leurs doctrines et emplissent si bien certains salons des idées d'Outre-Manche que Walpole débarquant à Paris écrit dans un accès de mauvaise humeur : « Ils sont devenus si philosophes, si géomètres, si moraux que ce n'était vraiment pas la peine de passer le détroit pour chercher l'ennui; je l'avais à discrétion sans sortir de chez moi [1]. » Dans la deuxième partie du siècle, ce n'est plus seulement la littérature, la philosophie et la morale des Anglais qu'on copie en France, ce sont leurs habits, leurs jeux, leurs écu-

[1]. Rathery. Relations... entre la France et l'Angleterre. *Revue contemporaine,* t. XX-XXIII.

ries, leurs jockeys, toutes leurs singularités ;
une nouvelle passion, l'*anglomanie*, que Wa-
terloo même ne devait pas faire disparaître,
commence à se montrer parmi nous. On
avait fait du chemin depuis le temps du bon
Cominges et il n'était plus besoin d'écrire à
l'ambassadeur de France pour savoir s'il
y avait des gens de lettres en Angleterre.

Il y en avait ; ils valaient la peine d'être
connus et ils le furent. Les plus considérables étaient des prosateurs, des romanciers.
La première partie du siècle en compte deux
dont nous avons appris dès l'enfance à connaître les noms et aimer les récits, Swift et
Defoe. Nous aurons à juger ces grands amis
de nos premières années, Gulliver et Robinson, tâche d'autant plus difficile qu'ils nous
sont plus familiers. Nous aurons à voir pourquoi ils ont été mis au monde, quel chemin
ils y ont accompli et s'ils ont fait exactement
la route qui leur avait été tracée par leurs
auteurs. Cette dernière recherche sera cu-
rieuse, pour Gulliver spécialement. Un ouvrage, en effet, ne vaut pas seulement par ce
qu'il est en réalité, mais aussi par ce qu'il
fait dans le monde. Milton parle de ces livres
dangereux qui, pareils aux dents du dragon

fabuleux, semés dans un pays, font sortir de terre des hommes armés. Le livre de Swift n'est pas de ceux-là ; ce n'est point par ses dernières parties, si pleines de fiel et de rancœur, qu'il maintient sa popularité ; à côté de l'infime minorité des critiques et des lettrés qui lisent les ouvrages tout entiers pour juger l'ensemble, des millions de lecteurs oublient le Yahoo pour le Lilliputien, ne gardent qu'une idée vague de Gubbdubdrib et, au contraire, un souvenir net et vivant du royaume des géants et du pays des nains. Nous verrons si la moralité qui se dégage des aventures de Gulliver parmi ces êtres prodigieux n'est pas une leçon de tolérance plutôt qu'une leçon de haine ; et, s'il en est ainsi, cela seul nous permettra de discerner la fausseté des théories de l'humanité que Swift s'efforça d'établir vers la fin de sa vie, alors que vieilli, désespéré par la mort de ce qu'il avait de plus cher, il ne gardait plus, pour charmer ses souffrances, que la dernière et douloureuse consolation des vaincus indomptés, la vengeance. C'est un fait d'expérience qui suffirait à lui seul pour montrer que la bonté de l'homme n'est point un vernis servant à cacher un cœur de Yahoo, à savoir qu'aucun livre de haine n'est jamais devenu un livre universel. C'est un peu pour cela que les enfants littéraires de Gulliver, si pleins d'esprit. si instructifs à entendre, si finement ironiques, malgré leur grande action sur le siècle qui les vit naître, ne sont pas entrés dans le panthéon des illustres personnages que l'humanité toute entière *avoue*. Les trois quarts des lecteurs de *Gulliver* connaissent seulement de nom, et tout au plus, Zilia, Zadig, Micromegas, Candide et les autres héritiers français de son goût des voyages et de sa puissance d'observation [1].

La puissance et la justesse d'observation, voilà ce qui entre pleinement dans l'art du roman avec Swift et Defoe. La race anglaise en eut toujours le don, mais elle n'en avait guère fait usage dans ses histoires en prose ; elle l'avait surtout utilisé dans son théâtre où, depuis le temps d'Élisabeth, la comédie de mœurs règne sans partage et la comédie de caractères ne put jamais tenir qu'une place insignifiante. Depuis Ben Jonson, jusqu'au contemporain de Swift, Farquhar, c'est tou-

1. Il faut noter toutefois que ces personnages ont aussi d'autres parents, plus vieux que Gulliver, notamment Usbek et Raphaël Hythlodaye

jours l'examen du travers contemporain, avec toutes ses bizarreries, qui défraie le théâtre comique; l'idée générale, la notion abstraite du caractère, paraît aux Anglais trop froide pour remplir une pièce; s'ils s'écartent de la vraie nature et des spécimens curieux de l'humanité contemporaine, s'ils cessent de peindre les alchimistes et les puritains du temps d'Élisabeth et des Stuart, les débauchés et les viveurs de l'époque de la Restauration, les beaux esprits et les bourgeoises à la mode du temps de la reine Anne, ils passent, d'un seul bond, par dessus la comédie de caractères pour arriver à la fantaisie pure, soit aux ravissantes féeries où figure Obéron ou le « sad shepherd », soit à la comédie toute d'intrigue, qui est encore un genre où règne souverainement la fantaisie. Ils eurent beau imiter Molière au xviie siècle, c'est toujours Dancourt et ses bourgeois qu'ils nous rappellent, mais un Dancourt plus rapproché de la nature, plus profond et plus puissant.

Ce don d'observation exacte qui avait vivifié le drame, la satire, l'essai, qui venait de permettre au sage Addison de créer des personnages aussi vivants que ceux d'aucun

drame ou d'aucun roman, son Will Honey-
comb, son sir Roger de Coverley, cet honnête
chasseur de renards qui a un si bon cœur et
tant de manies charmantes, est maintenant
la qualité dominante de Swift et de Defoe,
les premiers grands romanciers anglais. Dans
tout le passé du roman, la fantaisie avait joué
un grand rôle ; on en sait la part dans Swift
lui-même ; cette part devient insignifiante
dans Defoe. Un homme de la vie commune
est abandonné dans une île déserte : l'aven-
ture sans doute est extraordinaire. Mais là il
vit non pas en héros, en favori ou en enne-
mi des dieux, mais bien en homme réel de
chair et d'os, en Anglais courageux et prati-
tique ; tout le long drame qui se déroule en
lui-même et autour de lui n'a rien que de
naturel : comme lui auraient pensé et agi des
milliers de ses semblabiss dans de pareilles
circonstances. Le style est mesuré aux événements, les suit, leur est subordonné, ne
les colore point ; il n'entre pas plus de féerie
dans sa structure que dans la donnée même
du récit ; nous sommes donc loin de Malory,
de Lodge et de Mrs. Behn ; le roman mo-
derne commence.

Rien ne pouvait être plus utile à cette bran-

che des lettres que de sortir d'un tronc aus-
tère. Il fallait réagir contre toutes les sortes
de style fleuri; assez d'autres viendraient ensuite mettre dans la langue du roman la dose
de *voulu* que nous aimons à sentir, plus ou
moins dissimulée, dans toute œuvre littéraire. Ce genre d'écrit étant celui où l'art
doit être le moins apparent, Defoe rendit un
service capital en écrivant les premiers vrais
romans en une langue dont les traits marquants sont la précision poussée jusqu'à la sécheresse, la simplicité, la clarté. Et l'on sait
quels grands effets cette réserve et cette ex-
cessive sobriété ont pu produire : Robinson
si positif, si pratique, en somme si terre-à-
terre, a passionné tous les âges, et tel tableau
de la vie abjecte, celui par exemple qui nous
présente, dans un autre roman de Defoe, le
misérable Jacque incapable de dormir du
jour où il a reçu pour sa part de vol 4 livres
16 shillings, donne, en son style froid, autant
d'émotion au lecteur que les peintures les
plus poignantes de l'éloquent et passionné
Dickens.

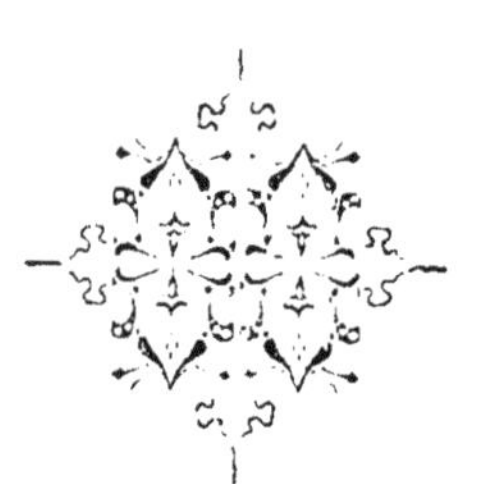

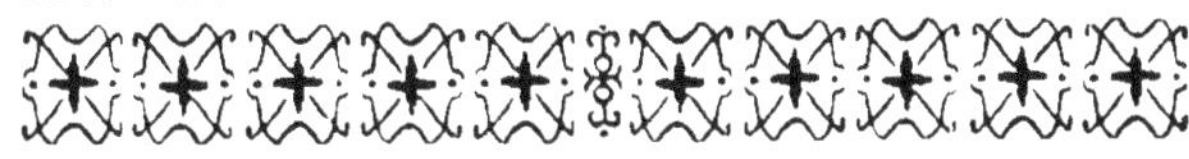

IV

DANS Swift le roman est philosophique et
satirique; avec Defoe a paru le roman
de mœurs et d'analyse intellectuelle; pendant
la deuxième période du XVIIIe siècle, vient enfin
le roman du cœur. Le règne de Pope a pris
fin et avec lui l'âge de la froide et hargneuse
satire, du poëme didactique où l'on trouve
toute la philosophie du temps mais point du
tout de poésie, l'époque des badinages élégants et vides, des querelles de partis sans
principes et sans convictions, des églogues
en perruques, des iliades en justaucorps.
Un grand renouveau commence à se manifester; une grande et chaude lumière pénètre
la littérature; les froids déistes font place au
passionné Wesley, la dure satire du temps

présent, toute personnelle et intéressée, perd beaucoup de son charme et on se prend à regarder vers le passé ; la musique des vieilles ballades, le rhythme de l'antique poésie anglaise reviennent enchanter les oreilles avec Percy et Chatterton ; l'amour tendre et reconnaissant pour la pure nature, amour d'enfant pour sa mère, anime toute une génération de poètes, depuis Macpherson jusqu'à Cowper, Burns et Wordsworth ; enfin, dans maint chef-d'œuvre en prose, ce ne sont plus la seule intelligence ni la seule raison philosophique qui dominent, c'est le sentiment. Un imprimeur inconnu, petit homme tout rond, tout vif, tout remuant, qui avait dépassé l'âge des grandes passions puisqu'il avait cinquante ans, fit sa place au sentiment dans la littérature du monde en publiant *Paméla*, puis *Clarisse*, puis *Grandison*.

On a voulu le rattacher à l'école française et le faire élève de ce Marivaux qui avait si bien montré comment une jeune orpheline, très jolie, pouvait, à force d'industrie, d'habileté, de coquetterie et de vertu, le tout constamment et indissolublement mêlé, conquérir l'estime générale, un rang dans le monde et un époux. Nous verrons que c'est

une erreur, que Richardson est un pur Anglais et que, si l'on veut lui chercher des
ancêtres littéraires, il faut le rattacher au
premier de ses compatriotes qui sut analyser le sentiment dans un récit en prose, le
chevalier sans reproches du temps d'Élisabeth, sir Philippe Sidney. Nous verrons
qu'il n'eut pas grand mérite à inventer cette
forme du roman par lettres dont on lui a
fait si grand honneur, forme aussi vieille
qu'Héloïse et Abélard mêmes dont les lettres,
encore populaires du temps de Richardson,
avaient été le roman des théologiens rêveurs
du moyen âge. Les « lettres portugaises »
étaient encore bien plus connues. Traduites
en anglais, augmentées sinon embellies,
elles formaient un véritable roman d'amour,
et non des moins tendres qu'on ait jamais
écrits. Richardson n'en fut pas moins un
grand créateur : il révéla au monde tout le
charme infini de l'analyse des mouvements
du cœur, pratiquée déjà mais insuffisam-
ment connue avant lui ; il poursuivit, sans se
lasser, à travers tous les détours et les sub-
terfuges qui les cachent, les secrets mobiles
de nos décisions et de nos actions, et, par un
prodige qui n'est pas le moindre des siens,

dans un âge qui applaudissait encore la *Dunciade* de Pope et les comédies de Cibber, il sut faire preuve d'esprit et de passion sans cesser d'être moral, ni cesser d'être vraisemblable. Richardson sait conquérir, maîtriser, enlacer son lecteur. On connaît l'histoire de ce forgeron du village de Slough qui s'asseyant sur son enclume avait coutume de lire à ses voisins assemblés l'histoire de Paméla pendant les soirs d'été : c'est le moins bon des romans de Richardson. Quand le digne ouvrier parvint au moment où le sort de l'héroïne est assuré par un heureux mariage, ses auditeurs furent tellement ravis que, poussant des hourras de triomphe, ils coururent chercher les clefs de l'église et sonnèrent les cloches pour manifester leur joie jusque dans le ciel et fêter un événement qu'ils considéraient comme un bonheur pour tout le village.

L'influence de Richardson fut immense. Même les juges aristocratiques si difficiles à émouvoir, qui riaient de son ignorance des façons des grands, se sentaient pris à la gorge aux moments pathétiques. Lady Montagu qui le méprise « de tout son cœur », avoue, à sa confusion, avoir « sangloté scandaleusement » en lisant *Clarisse* [1]. Chesterfield confesse que ce petit libraire peut manquer de savoir et de style, mais qu'il connaît le cœur [2].

En France, l'enthousiasme passe toutes les bornes ; Marivaux et Crébillon en sont oubliés : « Sans Paméla, écrit ce dernier, juge intéressé pourtant, nous ne saurions ici que lire ni que dire [3]. Madame du Deffand raffole de Richardson et se moque doucement des préjugés de Walpole, trop bel esprit pour s'attendrir à ces choses de l'âme. Et quant à Diderot, son enthousiasme, s'exaltant peu à peu, finit par toucher à la frénésie : « Je me souviens encore, écrit-il, de la première fois que les ouvrages de Richardson tombèrent entre mes mains : j'étais à la campagne. Combien cette lecture m'affecta délicieusement! A chaque instant, je voyais mon bonheur s'abréger d'une page.....

« O Richardson! Richardson! homme unique à mes yeux, tu seras ma lecture dans tous les temps! forcé par des besoins pres-

---

1. 22 septembre, 1755.
2. L., à mad de Tencin, 1750.
3. A Chesterfield, 26 juillet 1712.

sants, si mon ami tombe dans l'indigence, si la médiocrité de ma fortune ne suffit pas pour donner à mes enfants les soins nécessaires à leur éducation, je vendrai mes livres; mais tu me resteras; tu me resteras sur le même rayon, avec Moïse, Homère, Euripide, et je vous lirai tour à tour!...

« Ils sont communs dites-vous [ces personnages]; c'est ce qu'on voit tous les jours! Vous vous trompez, c'est ce qui se passe tous les jours sous vos yeux et que vous ne voyez jamais [1]! »

Pendant un temps, la société parisienne partagea l'avis du prince des lettres d'Angleterre, le Dr. Johnson, qui disait à Boswell que, comparés aux œuvres de Richardson, « les romans français pouvaient être de jolis colifichets, mais qu'un roitelet n'était pas un aigle » [2]. Tous les romanciers du siècle subirent l'influence de Richardson, depuis Rousseau qui dans sa *Nouvelle Héloïse* sut parler avec autant d'éloquence parfois, mais ne sut rien mettre de la variété, de l'esprit et surtout de la vertu de son modèle, jusqu'à Marmontel

[1]. Éloge de Richardson. 1742.
[2]. Édition Napier, I, p. 516.

qui l'imite dans son *École de l'amitié* et Bernardin de Saint-Pierre qui s'inspire à la fois de lui et de Defoe, ayant appris de l'un à étudier l'effet de l'isolement sur les esprits humains, et de l'autre à peindre, dans ce qu'ils ont de plus exquis, les sentiments tendres et vertueux. C'est de ce mélange singulier du génie de Robinson et du génie de Clarisse qu'est née la plus pure de nos idylles en prose, l'histoire de Paul et Virginie ; et c'est, soit dit en passant, une consolation que de pouvoir répondre aux attaques dont notre littérature des romans est l'objet au point de vue moral, en montrant cette œuvre si chaste, parue à la veille de la Révolution, à l'heure où les Laclos produisaient leurs livres infâmes, fleur dernière de notre été, fleurie sur une boue demain sanglante, pervenche pure épanouie aux pieds de l'échafaud.

Richardson a changé un sentier faiblement tracé en une route largement ouverte, la route du roman contemporain dans lequel le sentiment a tant de place ; il a formé à la fois les auteurs et les lecteurs. Par plusieurs de leurs qualités principales, Musset et George Sand ont pris rang dans sa descendance, et beaucoup de nos romanciers actuels lui doi-

vent, sans le savoir peut-être, presque tout
leur procédé et presque tout leur public.

Dans la voie royale qu'il avait tracée, Richardson fut peut-être dépassé : sa gloire toutefois est grande, car il fut un génie créateur.
Le défaut de pondération était évident chez
lui et il avait mélangé d'une façon par trop
inégale les éléments divers dont le romancier
peut disposer. Ce n'est pas assez d'analyser
finement les mobiles de nos actions, il faut
que ces actions elles-mêmes soient bien visibles : si vraies qu'aient été les actions qu'il
avait décrites, si vivants que fussent ses personnages, le raisonnement avait trop de place
dans ses écrits et la vraie vie pas assez. Consacrer huit volumes à raconter une histoire
qui dure moins d'un an : du 10 janvier au
18 décembre de la même année, c'était évidemment se donner trop libre carrière et
risquer de tomber dans cette « éloquence verbiageuse » que Madame du Deffand reproche si
justement à Rousseau. Rendre à la vie matérielle sa place, rétablir l'équilibre entre le
corps et l'esprit, c'était donner au roman une
composition plus juste et plus sage et, moyennant qu'on eut du génie, approcher davantage de la perfection.

Le créateur de cette nouvelle catégorie de romans eut précisément du génie; ce fut Henri Fielding. Ses œuvres, écrites dans un esprit de réaction contre l'école de Richardson, n'ont pas cependant la sécheresse cruelle des récits humoristiques de Smollett qui descendait, par notre Le Sage, des anciens picaresques et en qui revivait l'esprit de Thomas Nash et de Richard Head. Avec ses vivacités de langage souvent brutales, Fielding est plein de cœur, de bonté, de bienveillance. Dans ses héroïnes, il a su fixer une fois de plus cet idéal charmant de la perfection féminine qui n'a guère changé dans la littérature et les cœurs anglais, depuis le temps des Imogène et des Desdémone, jusqu'à l'époque des Diana Vernon et des Jeanne Eyre. Plus original dans la peinture de ses héros, il les a fait généreux, sensibles, vaillants, mais nullement détachés des biens de ce monde, fort accessibles, au contraire, à la tentation et très susceptibles de chutes. Si l'infaillible Grandison les avait rencontrés sur sa route, il en aurait eu grande pitié et leur aurait adressé, pour son plaisir autant que pour leur bien, des remontrances admirables qui les auraient, si-

non corrigés, du moins calmés en les endor-
mant. Tom Jones et le capitaine Booth
auraient éveillé au fond de son âme, si toutefois son âme était capable d'une impression si peu chrétienne, le même sentiment
que le vertueux Richardson son père, nour-
risait à l'égard du père de Tom Jones, le
mépris. Fielding pourtant nous a laissé plus
d'une peinture de grands caractères et de
nobles cœurs, aussi saints que Clarisse
même, mais presque aussi différents d'elle
que Hogarth diffère de Fra Angelico. Fielding excelle à peindre ces natures heureuses
telles que celle du curé Adams, qui vont
souriantes au devant de la pauvreté, des
malheurs et des horions, qui reçoivent toutes les épreuves sans s'aigrir, oublient la mi-
sère et les traverses de la vie en lisant Es-
chyle, et se consolent des coups en les ren-
dant de leur mieux. Car, au physique, ce
sont des corps robustes; ils boivent et se
battent bien et avec plaisir; ils sont de toutes les bagarres, reviennent tout en sang,
mais le cœur en paix, l'âme satisfaite et
remplie de sérénité. C'est un privilège de la
race. On se rappelle le sentiment de cet ami-
ral qui prenant la parole au Parlement sur

la grande question de la suppression des
châtiments corporels fit ce simple discours :
Les coups, dit-il, j'en ai beaucoup reçu dans
ma jeunesse, et beaucoup fait donner depuis;
je m'en suis toujours très bien trouvé.

Taillés de la sorte, les personnages de
Fielding sont héroïques sans y prendre garde
et sans, non plus, que personne y fasse attention. Ils ne sont pas malheureux, parce
que leur récompense est en eux-mêmes, et
que les âmes bienveillantes et désintéressées
sont au-dessus du malheur. Les puissants du
monde, toutes les ladies Booby de la terre,
auront toujours tort de croire qu'à force de
persécutions ils auront pu dompter, ou ré-
duire au désespoir, ou seulement courber,
ces âmes si simples et si bonnes; elles gardent trop bien cachées en elles et conser-
vent hors de toute atteinte la source de leur
force et de leur bonheur. C'est pourquoi,
malgré la franchise vraiment brusque de
beaucoup de ses peintures, l'œuvre de Fielding n'est pas moins saine que celle de Richardson, et bien qu'il ait fermement pro-
clamé ce principe que les œuvres littéraires
ne sont pas faites « pour améliorer l'humanité, mais pour la peindre telle qu'elle

est », ce sont les vertus les plus hautes et les plus rares qu'il a constamment recommandées et récompensées dans ses histoires.

Fielding n'enleva pas, durant le xviiie siècle, le rang de premier romancier du monde à Richardson : le public de ce temps était sentimental et raisonneur ; il aimait les pastorales de Greuze et les déclamations de Rousseau. Il préféra toujours Clarisse à Tom Jones. On ne peut savoir encore comment la postérité jugera en dernier ressort, car le procès est toujours pendant. Peut-être, de moins en moins rêveuse, de plus en plus éprise de vie active et de mouvement, l'humanité future donnera-t-elle la palme au vaillant rival de Blifil et ratifiera-t-elle la prédiction magnifique et bien connue de Gibbon qui, songeant à la race dont Fielding était issu écrivait : « Notre immortel Fielding appartenait à la branche cadette des comtes de Denbigh qui tiraient leur origine des comtes de Hapsbourg, descendants eux-mêmes d'Eltrico, duc d'Alsace au viie siècle. Bien différente a été la fortune des branches anglaise et allemande de la famille de Hapsbourg. Représentée en Angleterre par des chevaliers et shériffs du comté

de Leicester, cette famille s'est élevée lente-
ment jusqu'à la pairie. Sur le continent, elle
a produit des empereurs d'Allemagne, rois
d'Espagne, qui ont menacé les libertés du
vieux monde et conquis les trésors du nouveau. Les successeurs de Charles-Quint peuvent mépriser leurs cousins d'Angleterre :
mais le roman de *Tom Jones*, cette peinture
si juste des caractères et des mœurs, vivra
encore lorsque le palais de l'Escurial et l'aigle impérial d'Autriche auront disparu. »

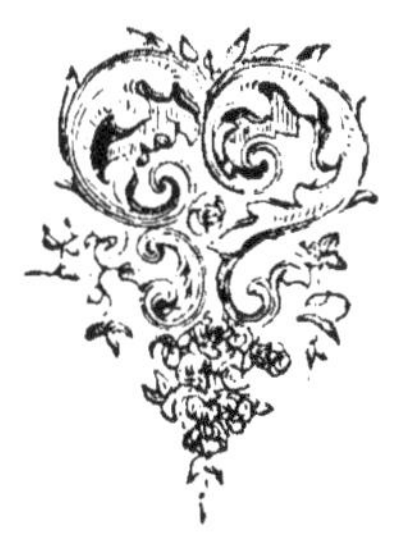

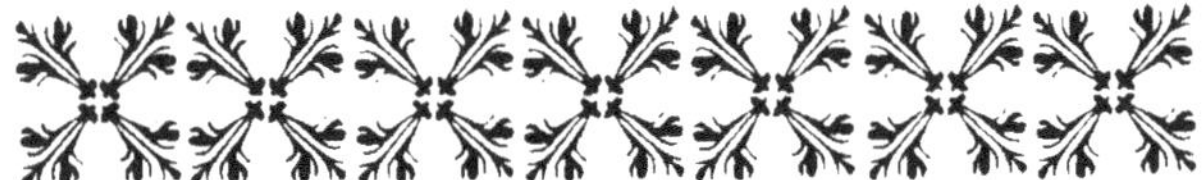

V

Lorsque Swift, Defoe, Richardson et Fielding eurent publié leurs œuvres, les grandes écoles du roman anglais se trouvèrent fondées. On était familier désormais avec le roman philosophique et satirique, avec le roman d'analyse intellectuelle, le roman d'analyse morale, enfin le roman de la vie active. Une multitude d'auteurs usèrent, dans le cours du siècle, de ces différents genres en les modifiant selon la tournure de leur génie et composèrent des chefs-d'œuvre que nous aurons à étudier : celui du puissant Johnson, ceux de l'amer Smollett, celui de l'honnête Goldsmith qui a mis dans sa peinture du Dr. Primrose toute la naïveté de son âme et toute la bonté de son

cœur, sans oublier même les petites vanités
qui le rendaient si ridicule aux yeux de Gar-
rick et de Boswell : ridicule à leurs yeux,
peu importe, mais âme noble qui eut la
gloire de charmer dans sa retraite Bernardin de Saint-Pierre vieillissant, la gloire plus
brillante de donner à un jeune allemand de
vingt ans, Gœthe alors inconnu, sa première
grande émotion littéraire.

Enfin, nous verrons naître, dans cette
deuxième partie du siècle, plusieurs nouvelles écoles de romanciers, subordonnées aux
anciennes, mais non dépourvues cependant
d'originalité. Un groupe aimable de femmes
auteurs, Miss Burney, que notre très moral
Berquin vint voir en 1783, Charlotte Smith,
Mrs. Inchbald, nous amèneront peu à peu à
ce genre de roman qui a pour sujet l'observation minutieuse de la vie bourgeoise ordinaire et des petits drames qui l'égayent ou
la déchirent, romans *à la tasse de thé*, comme
on pourrait les appeler, où l'on sait tout ce
qui se boit et se mange, et se dit, et se pense
dans toutes les parties de campagne ; romans souvent pleins de finesse, d'aimable
satire, de sentiments élevés et dont les meil-
leurs ont été composés au commencement

du présent siècle par Miss Austen. Nous verrons se préparer, avec Walpole et Clara Reeve, auteurs « d'histoires gothiques », avec la terrifique et mystérieuse Mrs. Radcliffe, la grande école romantique à la tête de laquelle se placera sir Walter Scott et qui, entre autres mérites, aura celui de donner au paysage, au milieu matériel, la place qui lui était due dans les récits, une place qu'on lui avait toujours refusée au xviiie siècle et qu'on ne lui a que trop accordée dans le nôtre. La seule grande exception, est en France, Bernardin de Saint-Pierre. Rousseau lui-même ne s'attarde guère à décrire son lac de Genève et ses rochers de Meillerie et ne nous y intéresse pas par la poésie qui est en eux mais par celle qui est en ses personnages. La nature, dans son grand roman, n'a pas sa place à part ; les vues que nous avons d'elle ne nous arrivent pas directement ; elles sont déviées, comme par un prisme, par les sentiments des héros ; c'est toujours à travers ces sentiments que nous les apercevons, et c'est pour en retrouver l'impression délicieuse que les admirateurs de Julie et de St. Preux allaient en pèlerinage à Meillerie, comme, en Angleterre, on allait à Hampstead, où d'après Richardson, Clarisse avait passé.

Enfin une autre école dont le chef appartient au seul xviiie siècle, donnera une importance aussi grande que possible à un élément en apparence secondaire de l'art du romancier : l'étude du geste. C'est là ce qui met Sterne entièrement hors de pair ; jamais avant lui on n'avait aussi patiemment étudié ce signe de nos pensées qui marque dans la vie extérieure, la transition de l'individu physique, apparent aux regards, à l'individu moral qu'il faut deviner. Sterne, qui avait beaucoup lu, put trouver, sans doute, dans les humouristes et satiristes d'autrefois, des modèles ; mais les vieux auteurs ne s'étaient servis qu'accidentellement et comme en passant de ce moyen d'intéresser leurs lecteurs et d'expliquer leurs personnages ; ils n'en avaient pas fait, comme le biographe de *Tristram Shandy*, la clef unique de tous les caractères. Sterne nous ramènera à Marivaux à qui, sans qu'on l'ait suffisamment observé, il doit plus que n'a jamais fait Richardson. Marivaux s'entendit mieux que personne à noter les infiniment petits, les détails imperceptibles : pose et

expression des mains, ton de la voix, tenue
et geste, qui composent une attitude et ré-
vèlent à l'observateur les inconcevables
nuances des caractères et des intentions. Il
suffira de rappeler ici, comme preuve, ce
portrait de Marianne chez Valville, qu'on
pourrait croire, n'était la différence de milieu, tracé par Sterne : changez le milieu,
vous avez une scène entre Yorick et la gri-
sette.

« J'étais [tellement troublée], dit Marianne,
que la main me tremblait dans celle de Valville, que je ne fesais aucun effort pour la
retirer, et que je la laissais par je ne sçais
quel attrait qui me donnait une inaction
tendre et timide. A la fin pourtant, je pro-
nonçai quelques mots qui ne mettaient ordre à rien ; de ces mots qui diminuent la
confusion qu'on a de se taire, qui tiennent
la place de quelque chose qu'on ne dit pas
et qu'on devrait dire. — Eh bien ! monsieur,
eh bien ! qu'est-ce que cela signifie ? — Voilà
tout ce que je pus tirer de moi, encore y
mêlai-je un soupir qui en ôtait le peu de
force que j'y avais peut-être mis ».

Sterne n'a jamais mieux dit, mais il a toujours dit ainsi ; Marivaux, au contraire, seu-

lement par exception. Notre compatriote se
plaît davantage à noter les menues agitations
de l'âme, prises à leur source, c'est-à-dire en
nous-mêmes, qu'à remonter, comme Sterne,
de l'effet à la cause et du geste au sentiment.
Celui ci n'a guère recours à aucune autre
sorte de procédé et il en use d'une manière
si frappante et si habile, si bien faite pour
captiver l'attention, qu'il eut beaucoup d'i-
mitateurs et qu'il fut chef d'école. Même en
dehors de son église, il eut des adeptes peut-
être inconscients ; le geste et l'attitude auraient moins de place dans les romans de
Dickens si Sterne n'avait jamais écrit ; de
même que sans Walter Scott on eût fait
moins tôt peut-être en Angleterre une place
dans les romans pour les arbres, les nuages,
les rochers et la mer.

De la réunion de tous ces courants divers
s'est formé le large fleuve du roman mo-
derne qui, avec tout son cortège d'affluents
et de canaux, tend de plus en plus à enlacer
le globe entier dans les mailles de son immense réseau. La puissance du roman est
devenue si grande qu'on pourrait presque le
considérer comme le remplaçant, dans l'or-

dre social, de ces gros traités savants dont les doctrines, difficiles à comprendre, passionnèrent le moyen âge. Ils sont aujourd'hui les promoteurs de toutes les idées qu'on veut rendre populaires, les avant-coureurs de toutes les réformes ; par eux, sous prétexte d'explication du cœur humain ou même simplement d'amusement, les idées philosophiques, l'économie politique et sociale et jusqu'à la science pure se glissent dans nos demeures, même les plus modestes, et se font ouvrir les portes, jusque-là closes à toutes ces notions rébarbatives, les portes du gynécée. Le roman d'*Emile*, par exemple, a fait, en faveur de l'éducation physique, ce que le traité de Locke n'avait pu faire ; les courtes histoires intitulées *Tom Brown's School days* et *Oliver Twist* ont plus servi à la réforme des mœurs scolaires anglaises et à la transformation du régime des pauvres que vingt pétitions au Parlement.

Tous les pays ont eu des romans ; plusieurs en ont eu d'admirables à une époque plus ancienne que l'Angleterre ; il n'en est pas moins vrai que les Anglais ont contribué plus qu'aucun peuple à la formation du roman contemporain. Du jour où ils ont

appliqué à ce genre littéraire les qualités
dont ils avaient fait preuve dans d'autres,
alliant le don d'observation de leurs dramaturges à la finesse d'analyse de leurs
philosophes et à la sincérité passionnée de
leurs apôtres. il devinrent les grands maîtres
de l'art du roman. J'ai placé Richardson dans
la descendance de Sidney et il s'y trouve en
effet. de son propre aveu, en tant que romancier. En tant qu'individu pensant, il doit,
plus qu'à Sidney, à Bunyan le prédicant. à
Farquhar le comique, à Berkeley le philo-
sophe ; en d'autres termes, il a réuni en lui-
même et manifesté dans ses romans les trois
grandes et primordiales qualités du génie de
sa race, ces qualités qu'on retrouve, à des
degrés différents, mais au fond toujours les
mêmes, dans l'aventureux marin anglais,
dans le savant intrépide. dans le missionnaire convaincu et dans le missionnaire pratique, dont le monde voit de si innombra-
bles spécimens et qui se répandent par tous
les pays comme autant d'exemplaires séparés
du grand roman de la race anglaise. Voltaire,
au xviiiᵉ siècle. songeant à Locke, regrettait
que les philosophes d'Outre-Manche ne fussent pas « les précepteurs du genre humain »

S'ils ont fini par le devenir, c'est surtout aux romanciers d'Angleterre qu'ils le doivent. Grâce à ceux-ci, le plus pur et le plus sain de leurs doctrines a été répandu dans l'univers, en même temps que les parties les plus nobles et les plus élevées des doctrines des prêcheurs britanniques. Et ce n'est pas pour nos voisins une faible gloire de pouvoir penser que leurs grands romanciers ont représenté dans leurs fictions des vertus héroïques dont la sublimité n'avait rien d'invraisemblable, et de se dire que cette même race de femmes qui comprend l'auteur de *Jeanne Eyre*, compte cette Madame Carlyle autrement grande moralement, et aussi utile peut-être à l'humanité lorsqu'elle cuisait le pain de la maison, entendant chanter les heures de la nuit dans la solitude d'un marais d'Écosse, que Benvenuto Cellini lui-même travaillant, en sa fièvre, à la fonte du Persée.

Un mot encore. Un libraire du temps de la reine Élisabeth, jouant sur son propre nom, eut un jour l'idée de prendre pour emblème un homme endormi qu'un autre éveillait au soleil levant, avec la devise « Arise for it is day ». Plus d'une fois, dans l'histoire de l'humanité, ç'a été la gloire de l'Angle-

terre de pouvoir dire à d'autres nations :
« Lève-toi, car voici le jour ». Si je fais, sans
aucune appréhension de déplaire, allusion
devant vous aux grands souvenirs des Anglais. c'est que, riches de gloires nous-mêmes, nous pouvons rappeler sans envie celles
de nos voisins.

8 décembre 1885.

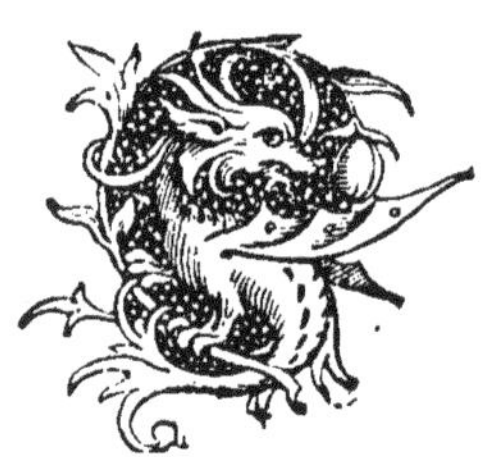

LE PUY — TYPOGRAPHIE DE MARCHESSOU FILS